Jörg Swoboda

Opa gratuliert

~ 50 Gedichte ~

concepcion OHG SEIDEL®

Bibliografische Information der Deutschen Nationalbibliothek
Die Deutsche Nationalbibliothek verzeichnet diese Publikation in der Deutschen Nationalbibliografie; detaillierte bibliografische Daten sind im Internet über dnb.de abrufbar.

Swoboda, Jörg
Opa gratuliert

Wenn bei zitierten Strophen nicht anders angegeben, ist die Quelle dieses Buch oder es handelt sich um unveröffentlichte Manuskripte des Verfassers.

Best.-Nr.: 644.232
ISBN 978-3-86716-232-6

Inhaltsverzeichnis

Vorwort

Zum Enkel-Geburtstag nur einen Schein rüberreichen, ist oft eine Verlegenheitslösung. Zugegeben, auch ich wusste mir manchmal nicht anders zu helfen. Noch unpersönlicher wurde es, wenn mehrere Verwandte etwas zusammenlegten, um ein größeres Geschenk zu finanzieren. Dann verlor sich die persönliche Zutat sowieso im großen Familien-Eintopf. Deshalb fing ich an, Begleitgedichte zu schreiben, um Würze zu gewinnen.
Bei neun Enkeln wuchs die Anzahl der Gedichte im Lauf der Jahre. So entstand die Idee zur Veröffentlichung. Dahinter stehen drei Absichten: Erstens fröne ich meinem Mitteilungsbedürfnis als Gedichterling.
Zweitens möchte ich damit anderen Großvätern Stoff zum Abschreiben geben: Bitte, bedient euch ohne Scheu! Und drittens will ich jeden Leser in meinem Alter anstiften, selber Gedichte an die Enkelkinder zu verfassen.
Dabei soll die Anleitung am Ende des Buches helfen. Ihr geringer Umfang zeigt, dass es um elementare, handwerkliche Anregungen geht; um mehr nicht. Aber solch ein Blick in die Texter-Werkstatt ist mehr als nichts und kann auf die Sprünge helfen.
Nur wer den ersten Schritt wagt, kann zum Ziel kommen.
Es lohnt den Start. Viel Glück!

Jörg Swoboda, Buckow/Märkische Schweiz
im März 2022

Lebensflug

Was man beim Jet den Steigflug nennt,
erlebst du grad bei dir.
In beiden Flügeln volle Tanks
mit Lebens-Elixier.

Wer kennt die Daten für den Flug,
wer warnt dich bei Gefahr?
Der Lotse, der dich führen kann,
bleibt für dich unsichtbar.

Nur Narren machen stolz ihr Ding
und hören nicht auf ihn.
Wer nur an das glaubt, was man sieht,
der muss den Kürz'ren ziehn.

Halt dich an Gott, denn nur mit Grips
gelingt kein Lebensflug.
Wer das beherzigt, der ist schon
mit zwanzig lebensklug.

Denk an uns

Die übersandten Gegenstände
für deinen Kopf und Herz und Hände,
sind Omas Strick- und Les-Idee.
Nun los und lies und strick, allez!

Nein, warte noch, sonst sind die Gäste
schnell säuerlich auf deinem Feste.
Erst feste feiern, dann erst strick
und lies im Buch von Leid und Glück.

Und wenn dann die Gedanken wandern
von einem Märchen hin zum andern,
dann denk an uns, nicht jedes Mal,
nur ab und zu. Das wär genial.

Der Rucksack

Wenn du einen Rucksack hast,
dann hast du, was du brauchst, dabei ~
und einen Vorteil obendrein:
Die Hände hast du immer frei.

Kräftig schreitest du voran
und schwingst die Arme leicht im Takt.
Denn das beflügelt deinen Schritt;
und Freude füllt dich ~ das ist Fakt.

Nur in einem streikt dein Freund:
wenn du was auf dem Herzen hast.
Denn Kummer muss woanders hin,
weil der in keinen Rucksack passt.

Kummer trag nicht huckepack,
und Sorgen schlepp nicht mit herum.
Auf Jesus wirf, was dich bedrückt,
sagt Gottes Evangelium.

Angst

Auch im vergangnen Lebensjahr
stand, wie schon immer, fest,
dass der nur wirklich klüger wird,
der sich was sagen lässt.

Mein Glückwunsch ist solch eine Chance.
Mach ihm im Herzen Platz!
Ich überreich dir einen Rat
aus dem Erfahrungsschatz.

Er ist nicht grad spektakulär,
doch sei ein Realist.
Wenn du ihm folgst, zahlt er sich aus ~
mein Rat, der Gold wert ist.

Des Teufels liebstes Möbelstück,
das ist die lange Bank.
Was Angst macht, schiebt man gerne auf,
doch macht Verdrängen krank.

Die Angst schickt Panikblitze aus;
nur eines macht dich frei:
Tu das, wovor du Angst hast, bald,
dann ist die Angst vorbei.

Oma strickt, Opa dichtet

Die Stulpen schützen dich vor Schaden,
denn sie beschern dir warme Waden.
Sind die erst warm, sind warm die Beine,
und kalte Füße hast du keine.

Die Oma sah ich froh beim Stricken,
sah sie nur auf die Wolle blicken.
Die Nadeln klapperten ganz leise
im Takt zu einer Weihnachtsweise.

Mich ließ die Oma Strophen dichten
und bat mich, hiermit auszurichten:
Willst du auf Dauer Kälteschwund,
trag diese Stulpen, bleib gesund.

Wunder auf zwei Beinen

Du bist für mich ein Wunder auf zwei Beinen.
So krank du warst, jetzt bist du wieder fit.
Du warst so blass und fast schon aus dem Rennen.
Jetzt hast du Farbe und läufst wieder mit.

So viele lecken ständig ihre Wunden.
Doch Selbstmitleid hat bei dir keine Chance.
Du könntest dich als Opfer inszenieren,
doch hältst du deine Klagen auf Distanz.

Wenn wir an Härten schwer zu kauen haben,
erhalten sie doch manchmal einen Sinn.
Zur Lebensschule können Tiefen werden.
So werden schwere Zeiten zum Gewinn.

Keine goldnen Eier

Ich hab die Schnauze voll vom Grübeln,
was ich dir zum Geburtstag schenk.
Du wirst es mir doch nicht verübeln,
dass du erfährst, was ich so denk?

Ich denk an manchen großen Haufen
Geschenke auf dem Gabentisch.
Viel Unnützes, grad zum Verkaufen,
zu Recht ist jeder wählerisch.

Ich sag's ganz offen: Unverdrossen
wähl ich jetzt einen andren Weg.
Ich tu das einfach, kurz entschlossen,
bevor ich weiter überleg.

Ich leg zwar keine goldnen Eier,
doch leg ich diesen kleinen Schein
als Beitrag zur Geburtstagsfeier
für dich in diesen Umschlag rein.

Geburtstag unterwegs

Wer unterwegs Geburtstag feiert,
ist deshalb ziemlich angemeiert.
Ja, von den Eltern gibt es was ~
doch leicht zu raten, war es das.

Denn alle deine Freunde fehlen,
die sonst zu deinen Gästen zählen;
und alle hätten mitgebracht,
womit man Freunden Freude macht.

Der Tag, auch wenn schön angefangen,
wirkt also ziemlich grau verhangen.
Doch kommt dann Wind auf, weht und weht,
wird dir bald klar, wie‘s weitergeht.

Putzmunter wirst du dich dann fragen:
Was tun bei Wind an trüben Tagen?
Die Rettung ist die Top-Idee:
Ja, Drachensteigen wär okay.

Der Ferienspaß ist schnell zu machen.
Papa kauft für dich einen Drachen,
doch nicht zu klein, auch nicht zu groß.
Bläst Wind am Strand, dann läufst du los.

Die Schnüre straff, lässt du ihn steigen,
mal hierhin und mal dorthin neigen,
du lässt ihn kreisen vor, zurück.
Geburtstagskind im Drachenglück.

Kommt dir ein Tag mal ungelegen,
dann bleibt er oft nicht ohne Segen ~
und lern von mir, dem alten Haus:
Nimm, wie es kommt und mach was draus.

Was noch am Fahrrad fehlt

Ein Fahrrad braucht nach einer Weile
notwendige Ergänzungsteile.
Denn wichtiger als Sportlichkeit
im Stadtverkehr ~ ist Sicherheit.

Und sollten andre drüber lachen,
brauchst du dir nichts daraus zu machen.
Sei nur ein junger Mann der Tat:
Bau dir Beleuchtung an dein Rad.

Scheust niemals mehr Verkehrskontrollen.
Kein Polizist kann dir was wollen.
Dein Motto ist ab jetzt „fair play“.
Dein Sicherheits-Set ist okay.

Im Umschlag stecken ein paar Scheine.
Behalt sie nur, sie sind jetzt deine.
An Euros geben gerne wir
entsprechend deinem Alter dir.

Der Nussknacker

Willst du mal wieder Nüsse essen,
darfst du das Knacken nicht vergessen.
Doch willst du's mit den Zähnen packen,
bekommst du später Zähnezwacken.

Heut schenken wir dir einen Knacker.
Damit bezwingst du jeden Racker,
schonst deine jugendlichen Beißer,
musst auch zu keinem Zähnereißer.

Weil wir dir heut den Knacker schenken,
wirst du beim Knacken an uns denken.
Die Wahl fiel leicht, du wirst verstehen,
dass wir dich gern mit Zähnen sehen.

Ehre kommt und geht ~ was bleibt

Wahrscheinlich ist bei dir zu Haus
heut Party angesagt.
Dein Haus ist voll, man ruft dich an ~
man sieht: Du bist gefragt.

Nur drei Minuten nimm dir Zeit.
Lies durch, was ich dir schreib,
denn Wort für Wort hab ich bedacht,
und nicht zum Zeitvertreib.

Wenn du mal einen Namen hast,
den man respektvoll nennt,
und öfter in der Zeitung stehst,
dass alle Welt dich kennt,

du stehst sogar, ich zög den Hut,
im Ehrenbuch der Stadt,
wärst du ein Glückspilz, das steht fest,
der hohes Ansehn hat.

Wär stolz, dass ich dein Opa bin,
doch, doch, das glaube mir.
Ich gratulierte dir dazu
und freute mich mit dir.

Genieß die Zeit, wo man dich ehrt
und dir Beachtung schenkt.
Doch Ehre kommt und geht so schnell,
viel schneller als man denkt.

Wie lange wird es aufbewahrt,
das Ehrenbuch der Stadt?
Bald ist es im Archiv verstaubt,
wo‘s seinen Platz nun hat.

Es gibt auch eine Zeit nach dir.
Die Vorstellung fällt schwer.
Wenn dann noch mal dein Name fällt,
zuckt keine Braue mehr.

Ganz anders Gottes Lebensbuch,
das nirgendwo verstaubt,
und keiner wird vergessen sein,
der fest an Jesus glaubt.

Dass du dort drinstehst, wünsch ich dir,
weil das die Frage klärt,
ob dir der Himmel sicher ist.
Das weiß, wer sich bekehrt.

Handy

In Bus und Bahn und auf der Straße
starrn Leute ständig aufs Display,
als hätten Handys für ihr Leben
die große, zündende Idee.

Das kleine Teil voll Elektronik
zeigt seine unheimliche Macht,
indem wir ständig danach greifen,
und nicht nur tags, auch in der Nacht.

Und willst du mal mit jemand reden,
schon klingelt es, und du hörst zu,
wie er mit jemand andern redet;
nichts ist mit deinem Interview.

Bei jedem ist klar zu erkennen,
was wirklich Fakt ist unterm Strich.
Die Frage steht: Hast du das Handy,
tja ~ oder hat dein Handy dich?

Schweb nicht im Online-Universum,
schon mancher hat sich dort verirrt.
Bleib hier und leb dein eignes Leben,
weil es sonst fremdgesteuert wird.

Im Innern stellen wir die Weichen.
Ich wünsch dir Mut und Willenskraft,
sie möglichst weise so zu stellen,
dass sie dir nützen dauerhaft.

Ferne Sonne ~ naher Gott

Ich ging vor Jahren auch zur Schule
und habe es wie du gelernt:
Die Sonne ist Millionen Kilometer
von unsrer Erde weit entfernt.

Und trotz der riesigen Entfernung
bestimmt sie unser Leben hier,
lässt Bäume, Korn und Blumen wachsen
und sichert Leben Mensch und Tier.

In Zyklen steuert sie das Klima
und lädt auch unsre Akkus auf,
lässt uns beständig um sich kreisen,
beeinflusst unsern Lebenslauf.

Ich wundre mich, dass manche sagen:
Ich zweifle im Prinzip daran,
dass Gott vom Jenseits unser Leben
hier auf der Erde lenken kann.

Er ist uns näher als die Sonne,
er lebt und ist kein toter Stern.
Wenn er dich sieht, verspürt er Freude.
Er hat dich lieb und nicht nur gern.

Vom hohen Ross gefallen

Ich wünsch dir nicht nur alles Gute,
ich sag konkret, woran ich denk,
und einen Blick in meine Seele
mach ich dir heute zum Geschenk.

Was ich an andern Menschen tadle,
hab ich auch schon an mir entdeckt,
war manchmal regelrecht erschrocken,
was alles in mir selber steckt.

Dir wird es nicht viel anders gehen.
Bist du nur ehrlich, siehst du ein:
Auch du hast deine schwachen Stellen.
Zum Lachen wär es, stolz zu sein.

Ich will dir nur ein Beispiel nennen
für eine übliche Gefahr.
Es steckt in uns ein tiefer Dünkel,
der ist anscheinend unheilbar.

Wir halten uns gern für was Bess‘res
und sehn auf andere herab.
Wir füttern fleißig unser Ego,
die Eitelkeit hält uns auf Trab.

Das hohe Ross ist schnell gesattelt,
scharrt mit den Hufen schon vorm Stall.
Wer obenauf ist, täuscht sich meistens,
spielt gern den Richter überall.

Der Reiter hoch im festen Sattel ~
ein Bild der Überheblichkeit.
Doch schnappte zu, was er nicht merkte,
die Falle Selbstgerechtigkeit.

Erst wer vom hohen Ross gefallen,
ist nicht mehr länger arrogant
und wird manchmal erstaunlich milde.
Dann liegt ein Wunder auf der Hand.

Sich selber besser kennenlernen,
ist eine schwierige Lektion.
Doch winkt am Schluss des nächsten Jahres
ein Lernerfolg für dich als Lohn!

Raus aus den Federn

Zeit zum Aufstehn, komm aus den Federn raus!
Zeit zum Aufstehn, ich schenk dir einen Strauß!
Zeit zum Aufstehn, mach dich ein bisschen frisch!
Zeit zum Aufstehn, tritt an den Gabentisch!

Wir sind dankbar, wie dich der Schöpfer schuf.
Wir sind dankbar für deinen guten Ruf.
Wir sind dankbar, wir haben Glück mit dir.
Wir sind dankbar und danken Gott dafür.

Lass uns feiern, dein Ehrentag ist heut!
Lass uns feiern, damit dein Herz sich freut!
Lass uns feiern mit gutem Appetit!
Lass uns feiern mit Frohsinn und mit Lied!

Meer der Zeit

Du bist noch jung, die Fahrt ist weit.
Wie kommt dein Lebensschiff
durchs Meer der Zeit?

Durch Kompass, Zirkel, Karten klärt
sich deine Position.
Sonst läuft‘s verkehrt.

Fahr niemals ohne Echolot.
Es schaut dir untern Kiel,
bewahrt vor Not.

Und wenn dein Motor mal ausfällt,
treibst du nicht hilflos, denn
dein Anker hält.

Auch ohne Mannschaft schaffst du‘s nicht.
Dass sie dir hilft, das gibt
dir Zuversicht.

Schon mancher dachte nicht daran:
Wer losfährt ohne Ziel,
wo kommt der an?

Ich schenk den Text, den du verstehst,
wenn du ihn jetzt vom Bild
zur Sache drehst.

Frieden schließen

Leben heißt: Konflikte haben,
oft auch parallel zum Glück.
Siehst verschlossene Gesichter,
Frieden wünschst du dir zurück.

Wenn du denkst, es wird schon wieder,
hast du meistens dich geirrt,
weil durch Schweigen und von selber
gar nichts wieder werden wird.

Du brauchst erstens Mut zum Reden,
zweitens die Gelegenheit,
drittens Raum nur für vier Augen,
wo ihr für euch beide seid.

Dann sag erstens, dass der Frieden
mit ihm für dich wertvoll ist.
Zweitens sag, dass du seit kurzem
zu ihm unter Spannung stehst.

Frag ihn drittens, was du tun kannst,
dass es besser werden kann.
Sprich im Frieden, ohne Schärfe,
und dann sieh ihn fragend an.

Ich bin Schiedsmann für zwölf Orte,
schlichtete schon manchen Streit.
Manchmal ging es in die Hose,
keine Lösung weit und breit.

Doch bei andern konnt ich schlichten,
wie verflogen war der Streit.
Zwar gelang das erst nach Stunden,
doch es siegte Freundlichkeit.

Dieses Glück von neuem Frieden
ist im Leben ziemlich rar.
Sollt ich dabei helfen können,
zähl auf mich im neuen Jahr.

Freundschaft

Du wanderst durch die Jahre deines Lebens,
siehst Menschen kommen und auch wieder gehn.
Doch nur von wirklich guten Freunden
wirst du noch später Spuren sehn.

Welch Glück, wenn ihr, obwohl doch so verschieden,
gemeinsam auf derselben Welle schwingt.
Du wirst nur den zum Freunde nehmen,
der dir dein Herz zum Tanzen bringt.

Gebt acht, weil auf den Wegen zueinander
zu Zeiten Gras und Unkraut wuchern kann.
Dann schnappt euch einen Rasenmäher!
Nicht warten, fangt beizeiten an.

Ein guter Freund kann deine Hände nehmen,
erreicht in der Berührung so dein Herz,
und oft braucht es nicht viele Worte
im Lachen, Weinen, Ernst und Scherz.

Die Freundschaft macht die guten Zeiten besser
und dass die schlechten bald vergessen sind.
So bist du reicher als ein König
und Freundschaft ist dein Königskind.

Unbekanntes Land

Du wechselst in ein neues Jahr
und schaust zurück, wie's alte war.
Du blickst nach vorn und bist gespannt,
schaust aus in unbekanntes Land.

Auch deine Schule ist ja neu.
Geh forsch und mutig, sei nicht scheu.
Am Anfang wirkt noch alles fremd,
bist anfangs vielleicht auch gehemmt.

Du wärst nicht du, wenn du jetzt kuschst
und dir die Fröhlichkeit verpfuschst.
Spring über deine Angst, gib Gas.
Bleib froh bei Lernen, Spiel und Spaß.

Na ja, pro Tag zweimal die Fahrt ~
das dauert und ist ziemlich hart.
Doch mit dem Papa morgens hin,
zurück mit Mama, ist Gewinn.

Da wird gelacht und viel erzählt,
das ist es, was am Ende zählt.
Denn so viel Kinder-Elternzeit
ist wirklich eine Seltenheit.

Doch nun zum Heft, an Bildern reich
und farbenfroh. Man sieht es gleich.
Vielleicht regt's dich zum Malen an,
denn du malst gerne dann und wann.

Die Wurzelfichte kennst du ja.
Lass dir erzähln, was hier geschah.
Ob wirklich oder nur erdacht,
erkennst du bald, denn du gibst acht.

Die Sage schrieb ein kluger Mann,
der gut japanisch sprechen kann.
Sogar ein Wörterbuch schrieb er
für diese Sprache ~ man staunt sehr.

Er zog nach Buckow, lebt nun hier,
spielt auf der Fantasie Klavier.
Denn nicht nur seine Wissenschaft,
auch Fabuliern gibt Spaß und Kraft.

Der Mond schon über Wipfel streift.
Der Abendwind zum Abschied pfeift.
Auch ich mach jetzt mit Dichten Schluss,
schick dir per Päckchen einen Kuss.

Lebensbücher

Du schlägst in deinem Lebensbuch
heut eine Seite um,
denn wieder ist, man glaubt es kaum,
ein ganzes Jahr herum.

Noch ist die neue Seite leer,
dass man nichts lesen kann.
Doch heute schon, und zwar sofort,
fängst du zu schreiben an.

Sind Tage ausgesprochen schön,
markierst du sie speziell.
Willst du die schlechten ausradiern,
gelingt das nicht so schnell.

Was sag ich, nein, in keinem Fall ~
was einmal steht, das bleibt.
Dann hoffst du, dass der nächste Tag
den Kummer dir vertreibt.

So wechselt sich ein Leben lang
eins mit dem andern ab.
Beruf, Familie, Ehrenamt,
die halten dich auf Trab.

Ich weiß von einem Lebensbuch,
da sitzt ein andrer dran.
Nur Jesus ist autorisiert,
der darin schreiben kann.

Er schreibt die Namen derer ein,
die sich ihm anvertraun
und auf ihm als dem Fundament
ihr ganzes Leben baun.

Denn das ist eines Tags gelebt,
dann schaust du weit zurück.
Und wenn du dann noch Zukunft hast,
dann hast du wirklich Glück.

Die meisten sagen kurz vorm Tod:
Das Leben ist bald aus.
Doch Jesus-Leuten geht der Blick
weit übern Tod hinaus.

Wer Jesus folgt und an ihn glaubt,
wird einmal auferstehn,
und Jesus, wie er leibt und lebt,
in Gottes Himmel sehn.

Die Hauptperson

In jedem Jahr zur gleichen Zeit
bist du die Hauptperson,
und zwar, weil du Geburtstag hast.
Das ist so Tradition.

Da klingelt oft das Telefon,
man gratuliert dir froh.
Am Nachmittag sind Gäste da,
ja, meistens ist das so.

Die falln dir erst mal um den Hals
mit Glückwunsch und Präsent.
Dann geht es an den Kaffeetisch,
wo eine Kerze brennt.

Was sag ich ~ eine? Nein, noch mehr.
Jetzt hab ich mich vertan.
So viele Jahre, wie du zählst,
brennt dir die Mama an.

Dann gibt es ein Geburtstagslied,
und alle singen mit.
Es wird gegessen und gelacht,
die Freude hält euch fit.

Danach wird rumgebolzt, gerannt,
jetzt geht's erst richtig los.
Es geht treppauf, es geht treppab.
Die Stimmung ist famos.

Doch irgendwann, wenn's dunkel wird,
dann klingelt's auf einmal.
Die Eltern holn die Kinder ab.
So ist das jedes Mal.

Dann wird es wieder still im Haus,
jetzt wird noch aufgeräumt.
Dann geht's ins Bett, ein Lied zur Nacht,
und dann wird schön geträumt.

Ohne Schweiß kein Preis

Bevor du einst zur Schule kamst,
da fragtest du uns still:
Bin ich erst Schülerin, kann ich
dann tun, was ich nur will?

Wir haben dir darauf erklärt,
dass Schule der Ort ist,
wo du fürs Leben klüger wirst,
je fleißiger du bist.

Der Lehrer sagt: „Lies dies, tu das“
und gibt dir Hausarbeit.
Zwar willst du gern was andres tun,
doch folgst du mit der Zeit.

Nach Jahren ist das Ziel erreicht,
der Abschluss ist geschafft.
Der Lerndruck hat dich fit gemacht
und gab dir Leistungskraft.

Nun schau mal an: Was dir erschien
wie sinnloser Verschleiß,
das führte schließlich zum Erfolg,
denn Fitness gibt‘s durch Schweiß.

Wenn Gott dir seinen Willen zeigt,
passt der dir manchmal nicht,
doch führt er dich zum guten Ziel.
Das sagt dir dies Gedicht.

Rätselhaft

Weil du das Denken niemals scheust,
sollst du, bevor du dich dran freust,
paar klitzekleine Hürden nehmen
und deine Neugier noch bezähmen.

So rätselhaft, fast leicht wie Luft,
kein Tipp, nicht der geringste Duft
verrät, was in dem Kistchen steckt.
Lös das Papier, das es verdeckt!

Ja, es ist leicht ~ und doch nicht leer,
denn Inhalt ist nicht immer schwer.
Nun forsche weiter, junger Mann!
Die Spannung steigt, du kommst voran.

Stopp, noch nicht öffnen, halte ein,
rat weiter erst: Was kann das sein?
Ist flach und hart, ist klein und schmal;
ja, Raten ist oft eine Qual.

Die Lösung macht sich wirklich rar
Bis jetzt ist immer noch nicht klar:
Was ist es, dient zu welchem Zweck?
Nun hol's schon raus aus dem Versteck!

Fragen über Fragen

Was nützt das schnellste Auto,
wenn man nicht weiß, wohin?
Was nützen viele Jahre,
die leer sind, ohne Sinn?

Was hilft der größte Garten,
wenn man nicht pflanzt und sät,
zwar Geld hat auf den Konten,
doch seelisch pleitegeht?

Wer will schon Filme speichern
und schaut sie dann nicht an?
Was tun mit Datenmengen,
die keiner fassen kann?

Es warten viele Fragen
auf Antwort möglichst bald.
Man muss und muss entscheiden,
das Leben macht nicht Halt.

Schon früh kann man erkennen,
das Leben ist kein Spiel.
Es droht die Selbstzerstörung,
bleibt Freiheit ohne Ziel.

Wir hoffen, lieber Enkel,
dass es dir wohl ergeht
und werden dich begleiten
mit Glückwunsch und Gebet.

Einschulung

Der Große-Tüten-Tag ist da,
du bist schon sehr gespannt.
Denn heute wirst du eingeschult
und Schüler jetzt genannt.

Seit jeher fällt dir Lernen leicht,
Entdecken macht dir Spaß.
Doch jetzt gibt's Neues Tag für Tag.
Drum, Enkel, jetzt gib Gas!

Verlier dabei die Freude nicht,
fällt's dir auch manchmal schwer.
Uns ging es damals ebenso,
doch das ist lange her.

Du siehst: Wir haben es geschafft,
und du, du schaffst das auch.
Wer solche Eltern hat wie du,
hat einen schlauen Bauch.

Und wenn's einmal partout nicht klappt,
dann fragst du die Mama,
den Papa, Onkels, Tanten ~ denn:
Die sind ja auch noch da.

Wenn du bald gute Freunde hast,
freun wir uns mit dir mit.
Denn Freundschaft, manchmal lebenslang,
ist guter Lebens-Kitt.

Wer gute Lehrer hat, hat Glück.
Dann fällt das Lernen leicht.
Sie helfen dir ~ und eines Tags
hast du dein Ziel erreicht.

Wunschkind

Ich komm per Brief und bin dein Gast,
bin hier, weil du Geburtstag hast.
Klapp deinen Rechner zu, hör hin!
Was nun folgt, kam mir in den Sinn:
Mit zwölf hast du schon längst entdeckt:
Kein Mensch auf Erden ist perfekt.
Du kannst dich quäln, wie du auch willst,
null Chance, dass du das Soll erfüllst.

In stillen Stunden fragst du dich:
Was denken andre über mich?
Bin ich nun das, was jeder glaubt?
Du fragst: Wer bin ich überhaupt?
Bin ich vor allem, was ich seh,
wenn ich allein vorm Spiegel steh?
Manchmal fühl ich mich schrecklich klein
und will nicht mehr ich selber sein.

Dann wär ich gern ein Supermann,
weil klar ist, was ich alles kann,
wo jeder stutzt und alles staunt
und alles nur bewundernd raunt.
Doch weiß ich ja, dass ich nur spinn.
Ich bin nun mal so, wie ich bin.
Es nützt nichts, wenn man sich betrügt,
sich trotzig in die Tasche lügt.

Ich bin ein alter Mann. Glaub mir:
Es ging mir oft schon so wie dir.
Ich fragte mich, was treibt mich an ~
und was ich von mir halten kann.
Wann leiste ich genug, was zählt?
Was tun, wenn's mir an Selbstwert fehlt?
Wann sag ich voller Stolz: Seht her!
Nehmt mich für voll, auch ich bin wer!

Soviel auch wert ist, was du kannst,
schau, dass du einen Irrtum bannst.
Der Wunsch nach Selbstbestätigung
ruft dringend nach Berichtigung.
Wenn du was tust und es gelingt,
dann bist du froh, die Seele singt.
Doch haut dich ein Blackout ins Bett,
dann liegst du flach, steif wie ein Brett.

Dann wird dir notgedrungen klar,
was bisher nicht zu sehen war:
Dein Ruf und Selbstbild, gut gepflegt,
ist nicht die Basis, die dich trägt.
Was nur in guten Zeiten hält,
hat oft schon manches Herz verprellt.
Wir brauchen einen Halt, der bleibt,
wenn es dich fast flussabwärts treibt.

Die tiefste Einsicht, die ich hab,
die nehme ich nicht mit ins Grab,
verrat dir gerne, was mich trägt
und mich im Innersten bewegt.
Seitdem ich weiß, dass Gott mich liebt,
durch Jesus alle Schuld vergibt,
ist mir im Tiefsten sonnenklar,
was ich für ihn schon immer war.

Das gilt auch dir, drum hör mir zu.
Jetzt wechsle ich vom Ich zum Du.
Du bist sein Wunschkind, das steht fest.
Gott liebt dich grad so, wie du bist.
Doch ändert er dich, wenn du willst
und ihm den größten Wunsch erfüllst:
Nur eins hält dich und schützt vor Wahn,
folg Jesus auf der Lebensbahn.

Corona-Geburtstag

Geburtstag ist wie jedes Jahr.
Erinnre dich, wie's früher war:
Da war die Bude rappelvoll,
und Party gab es supertoll.

Ihr habt getobt, ihr habt gelacht,
weil Feste feiern Freude macht.
Geschenke gab es obendrein.
Wie sollte es auch anders sein?

Doch dieses Jahr bleibt's bei dir still.
Nicht, dass hier keiner feiern will.
Die Freunde würden allzu gern,
doch grüßen sie heut nur von fern.

Denn noch ist ja Corona-Zeit.
Doch hoffentlich ist's bald soweit,
dann liegt das Leben nicht mehr flach,
und dann, dann holn wir alles nach.

Achtzehn

Mit achtzehn öffnet sich das Tor,
nun ist der Tag gekommen,
und Land, soweit das Auge reicht,
wird von dir eingenommen.
„Nun steig aufs Pferd, das Freiheit heißt,
und gib dem Gaul die Sporen.
Wer lange überlegt, hat schon
vorm ersten Schritt verloren."

So sagt sich mancher flott am Start
und lässt die Zügel schießen,
weil alle guten Geister ihn
vor lauter Schreck verließen.
Doch weißt du ja, die Freiheit hat
auch eine Zwillingsschwester.
Trotz Egoismus um uns her
lieb du sie umso fester.

Im Namen ist ganz vorn ein V,
am Schluss ein G zu sprechen.
Zwar wird sie sehr oft ignoriert,
doch kann sich das nur rächen:
Verantwortung gehört dazu.
Fehlt sie, misslingt das Leben.
Hat Gott in unsern Herzen Raum,
lenkt er, wonach wir streben.

Dass Tun und Lassen Grenzen hat,
sorgt oft nur für Empörung.
Doch wahre Freiheit braucht ein Ziel,
sonst folgt die Selbstzerstörung.
Mit Mut und festem Gottvertraun
brich auf, geh neue Wege.
Wir hoffen, dir kommt nicht zu oft
ein Trampel ins Gehege.

Bauplan

Als du noch klein warst, hast du oft
mit Bauklötzchen gespielt,
dir einen Turm aus Spaß gebaut
und dich ganz stolz gefühlt.
Du legtest sorgsam Klotz auf Klotz,
ganz grade und nicht krumm,
und trotzdem schwankte er zuletzt
und fiel dann krachend um.

Mal hast du traurig „oooh“ gesagt,
manchmal auch laut gelacht.
Es war ja eben Spielerei,
wie man‘s als Kind so macht.
Das liegt nun Jahre schon zurück,
die Schulzeit endet bald.
Schon planst du deinen Lebensbau,
doch der braucht festen Halt.

Denn willst du einmal hoch hinaus
und wissen, wie das geht,
wär's klug, wenn du den Fachmann fragst,
der was davon versteht.
Dein Schöpfer wartet schon darauf,
klopf einfach bei ihm an,
der schuf dein Leben liebevoll
und hat den besten Plan.

Die Bibel zeigt wie sonst kein Buch
das sichre Fundament,
damit der Bau auch lange hält,
und nicht nur im Moment.
Wenn du dabei mal Hilfe brauchst,
helf ich als Opa gern,
soweit ich das verstanden hab
bei Jesus, meinem Herrn.

Von Mühe und Ruhe

Hast du das auch schon festgestellt?
Bei Sonne klingt die Vogelwelt.
Doch wenn es regnet, ist es still,
weil kaum ein Vogel singen will.
Denn jeder macht das Beste draus,
ruht sich vom vielen Zwitschern aus.
Doch bald klingt neu die Melodie
mit tirila und tirili.

Denn wenn der Himmel nicht mehr weint,
die Sonne wieder strahlend scheint,
dann kehrt zurück der Lebensdrang.
Die Luft ist voll von Vogelsang.
Bin ich mal müde und geschafft
und fehlt zur Arbeit mir die Kraft,
dann mach ich‘s wie die Vögel auch,
nehm mir die Ruhe, die ich brauch.

Das macht mich nicht zum Trauerkloß,
denn danach leg ich wieder los,
bin frisch und froh, pack wieder an,
bin stolz, dass ich was schaffen kann.
Ich biete mich als Vorbild an,
nicht etwa, weil ich alles kann,
doch vieles habe ich gelernt
und manchen Fehler schon entfernt.

Ein neues Jahr für dich bricht an.
Wenn's dicke kommt, dann denk daran:
Bewahr in allem Augenmaß!
Die Beine hoch und trink ein Glas,
mach Rast, wenn du es nötig hast,
erhol dich gut von deiner Last.
Wenn du danach bei Kräften bist,
leg wieder los, sei Optimist.

An die Wissenschaft glauben?

Du bist an vielem int'ressiert,
und nicht wie andere blockiert,
leihst Ungewohntem wach dein Ohr,
denn du hast keine Angst davor.

Die Wissenschaft wird hoch geehrt,
und meistens ist das nicht verkehrt.
Wenn sie nach guten Zielen strebt,
hilft sie dem Menschen, dass er lebt.

Doch Glaube an die Wissenschaft
ist mir bis heute rätselhaft.
Denn sie hat Grenzen, wie man weiß.
Hier liefre ich dir den Beweis.

Ein Holzwurm lebt im Tisch und tickt,
und immer, wenn er um sich blickt,
sieht er den Tisch als alles an,
was man ihm nicht verdenken kann.

Ein Käfer wohnt im Innenhof
und grübelt wie ein Philosoph.
Sein kleines Reich ist seine Welt,
die er schon für das Ganze hält.

Fünf Sinne hat der Mensch, mehr nicht.
Auch er hat nur begrenzte Sicht.
Was tut er, wenn er konstatiert,
dass sonst nichts weiter existiert?

Was er bis jetzt vom Kosmos kennt,
liegt grade mal bei vier Prozent.
Es ist nur Hochmut, das steht fest,
wenn er sich dafür feiern lässt.

Sein Quantum an Gelehrsamkeit
reicht nicht für alle Wirklichkeit.
Denn vieles, das liegt auf der Hand,
geht ihm weit über den Verstand.

Er kennt nur Fakten, nicht den Sinn,
weiß nicht woher, wozu, wohin.
Wann sucht er, das wär Weisheit schon,
das Licht aus Gottes Dimension?

Dies Thema hält das Denken frisch.
Ich leg‘s dir auf den Gabentisch,
damit du ihm Beachtung schenkst.
Wie du wohl selbst darüber denkst?

Der Waulmurf

Wer ist es, der das Lartengand
wurchdühlt bei Tag und Nacht,
der emsig baggert tetermief
und oben Haufen macht?

Der Waulmurf, klein und ziemlich plump,
zeigt täglich, was er kann,
hat Ningerfägel griesenroß
an Haufelschänden dran.

Mit seinen Binterheinen wirft
er Haulmurfswaufen auf,
und hat er erst mal losgelegt,
hört er so bald nicht auf.

Nur wenn der Schonnerdall ihn schreckt,
tritt er den Zückrug an.
Auch feste Schritte mag er nicht.
Er ist ein scheuer Mann.

Doch hat ihn Fagdjieber pegackt,
sucht er Insekten gleich
und fette Frurzelwesser auch
in seinem dunklen Reich.

Deshalb wird er auch sehr schegätzt,
ist sogar streng schegützt.
Schaturnutz steht heut hoch im Kurs,
weil er der Umwelt nützt.

Doch Padtgarkstärtner allesamt
sind der Verzweiflung nah,
sehn immer wieder lassungsfos,
was hier im Park geschah.

Es ist nicht selten, dass man sie
von fern schon schimpfen hört.
Die Flasenrächen schunderwön
sind da und dort sterzört.

Für seine Spieblingsleise setzt
er alle Kräfte ein.
Doch nur für deinen Sebenslinn
soll‘s auch bei dir so sein.

Wenn du im neuen Lebensjahr
verquere Texte siehst,
geb Gott ein Herz dir, das versteht,
was du nur stockend liest.

Die Essigfliege im Paradies

Die Essigfliege roch den Saft,
halb sauer und halb süß.
Und emotionsverwirrt rief sie:
Das ist mein Paradies.

Gefühl ist alles, sprach ihr Herz.
Nun gab es kein Zurück,
und blind vor Lust flog sie hinein,
ertrank in ihrem Glück.

Experten meinten zweifelsfrei,
sie konnte nichts dafür.
Wie dem auch sei, es wurde Lust
für sie zum Grab der Gier.

Stumm kam man zur Beerdigung.
Die Einsicht stand im Raum:
Bringt Glück am Ende nur den Tod,
bleibt es ein leerer Traum.

Wenn du vor allem, was du tust,
nur Glück im Sinne hast,
dann droht dir die Tragödie,
dass du es doch verpasst.

Du fragst dich nun als junger Mann,
wofür ein Leben lohnt.
In Gottes Spur hat alles Sinn,
weil Jesus in dir wohnt.

Du streck dich aus nach Gottes Reich,
dann winkt dir Himmelslohn.
So hat es Jesus uns bezeugt
als Mensch und Gottessohn.

Erster Geburtstag

Singt Opa zur Gitarre,
wird doch das Kind nicht satt.
Das schafft nur seine Mama,
die Milch im Busen hat.

Die Oma nimmt den Schnuller
und trickst das Baby aus.
Fürs erste ist jetzt Ruhe,
es schreit nicht mehr durchs Haus.

Die Mama stillt dich später,
weil sie jetzt grad nicht kann.
Doch dann kannst du dich stärken,
dann legt dich Mama an.

Die Mama bäckt grad Kuchen,
weil du Geburtstag hast,
dein erster von ganz vielen.
Wir sind bei dir zu Gast.

Drive defensively

In Ami-Land wird oft gewarnt:
Fahr nicht zu schnell, sonst geht was schief.
Und häufiger noch las ich dort:
Fahr defensiv, fahr defensiv!

Gefährde nicht, sei auf der Hut.
Die Botschaft saß, der Spruch ging tief.
Ja, heile Knochen sind viel wert.
Fahr defensiv, fahr defensiv!

Das war mein US-Souvenir.
Und bin ich noch so impulsiv,
der Spruch von damals mahnt mich oft:
Fahr defensiv, fahr defensiv!

Mal fährst im Frühling du beschwingt,
mal macht dich Ärger aggressiv.
Erst recht, wenn du vor Liebe glühst,
fahr defensiv, fahr defensiv!

Mein Glückwunsch dir zum Führerschein!
Mag sein, er klingt konkret naiv:
Die Engel mögen um dich sein!
Fahr defensiv, fahr defensiv!

Frage auf der Waage

Bei aller Arbeit, allem Jagen
stelln sich auch manchmal Lebensfragen.
Auch Fragen, du wirst sie gleich sehen,
die nicht so in die Tiefe gehen.

Denk ich denn richtig, dass die Krähen
so humpeln, weil sie barfuß gehen?
Und dass die Schafe deshalb schwitzen,
weil sie ein dickes Fell besitzen?

Ich wüsste gern, warum die Spatzen
beim Fressen nicht wie Schweine schmatzen,
warum beim Fraß die größten Schweine
so tun, als wären sie alleine.

Ich wüsste gern, ob Gänse wissen,
dass Daunen in die Kissen müssen,
und wann sie schließlich doch erraten:
Sie enden nur als Weihnachtsbraten.

Ich überleg, durch welches Wunder
ein Fisch so platt wird wie die Flunder,
dagegen mopsfidel mit Frische,
rund wie ein Ball die Kugelfische.

Ich wüsste gern, warum die Hasen
so lustig wackeln mit den Nasen ~
und Rinder kauen und sich laben,
auch wenn sie nichts zu fressen haben.

Und kannst auch du zu diesen Fragen
nicht wirklich was Gescheites sagen,
wirst du dich nicht groß darum kümmern
und trotzdem dir dein Leben zimmern.

Doch eine große Lebensfrage
braucht Antwort für die Herzenswaage.
Sie wird bei dir den Ausschlag geben
und Richtung für dein ganzes Leben.

Denn jeder Mensch will einmal wissen
und endlich nicht mehr raten müssen:
Regiert der Zufall, gibt‘s den Schöpfer,
bin ich der Ton, ist Gott der Töpfer?

Komm, wag es, mit mir nachzudenken
und Blicke hin zum Start zu lenken.
Wie hat dein Leben angefangen
und deine Mutter dich empfangen?

Vom Papa kam die Samenzelle,
und Mamas Ei war auch zur Stelle
Sie klatschten fröhlich in die Hände,
denn das Alleinsein war zu Ende.

Auf dich hab ich schon lang gewartet,
jetzt wird gemeinsam durchgestartet.
So wurd aus Zweien flugs ein Neuer
im Lebensstart-Entwicklungsfeuer.

Gott sprach: Ich bin jetzt dein Betreuer,
und ab ging es ins Abenteuer.
Schon bald darauf, nach knapp drei Wochen
da fing dein Herzchen an zu pochen.

So gab's am Anfang zwar auch Triebe,
doch eingehüllt in Gottes Liebe.
Und mit Geschrei und mit Gezeter
kamst du zur Welt, knapp ein Jahr später.

Das sollst du zum Geburtstag hören:
Es gibt Geschenke, die betören.
Doch über allem Weltgetriebe
ist größer noch die Gottesliebe.

Das wird dich lebenslang bewahren.
Denn du kannst wie auch ich erfahren,
wenn wir uns diesen Rückblick gönnen,
was wir von uns jetzt halten können.

Ururgroßmutters Kaltwasserkuchen

Adventskranz, Weihnachtsstern und Kerzen
erfreun im Winter unsre Herzen.
In Buckow wird‘s an einem Tag
geheimnisvoll auf einen Schlag.
Das liegt an eurer Oma Inge,
denn sie weiß fast vergess‘ne Dinge.
Dazu gehört aus alter Zeit
ein Mädchen, das war sehr gescheit.

In Glowe lebte einst, auf Rügen,
Familie Dröse mit Vergnügen.
Denn Sonne, Wasser, weißer Sand
macht Menschen froh, das ist bekannt.
Der Vater Friedrich war ein Fischer.
Er liebte Wind, mal lau, mal frischer,
und Wilhelmine Mütterlein
war stolz auf Thekla Töchterlein.

Sie zählt nach Onkeln und auch Tanten
zu unsren fernen Anverwandten.
Von uns wird sie hier kurzerhand
nur knapp Ururoma genannt.
Früh lernte sie von ihrer Mutter,
wie Mehl zu Brot wird, Milch zu Butter.
Sie putzte Fisch und schnitt Filet
und kochte mehr als nur Kaffee.

Sie würzte Teig für Kekse lecker
für die verschiedensten Geschmäcker.
Sie backte, sang dabei „Juchhu",
denn Freude, die gehört dazu.
Kaltwasserkuchen bleibt bis heute,
was immer schon das Herz erfreute.
Rezepte sind hier nicht tabu,
drum schauen wir der Oma zu.

Der alte Zettel ist zerknittert
und wirkt inzwischen wie verwittert ~
wie jedes alte Backrezept,
wenn man es durch die Jahre schleppt.
Zuerst muss Mehl und Milch sie mischen,
streut Hefekrümelchen dazwischen,
gezuckert wird dann auch ganz sacht.
So ist der Vorteig schnell gemacht.

Dann, warm gestellt, muss er nun gehen.
Er wächst und wächst, das ist zu sehen.
Und ist er endlich doppelt groß,
dann wird gerührt, und schon geht's los.
Die Oma nimmt mit froher Miene
ein halbes Kilo Margarine,
ein Kilo Mehl, an Eiern acht,
nun wird der Vorteig eingebracht.

Und wie mit Pauken und Trompeten
muss sie nun mischen, wälzen, kneten.
Am Ende ist die Freude groß,
die Schüssel ziert ein glatter Kloß.
Jetzt kommt der Clou, denn es wird nasser.
Sie legt den Teig ins kalte Wasser,
so wie es das Rezept bestimmt,
bis er im Eimer oben schwimmt.

Danach kann sie ihr Werk vollenden.
Sie legt den Kloß mit beiden Händen,
damit er abtropft, in ein Sieb,
weil ihm nichts andres übrigblieb.
Schon nähern wir uns dem Finale:
Sie reibt hinein Zitronenschale,
tut Salz hinzu und Zitronat,
auch Sultaninen stehn parat,

fünfhundert Gramm vom besten Zucker,
so wird der Teig erst richtig lecker.
Dann kostet sie, ob er schon schmeckt.
Sie strahlt, der Teig ist fast perfekt.
Dann, ohne sich groß zu beeilen,
kann sie ihn in zwei Hälften teilen.
Draus macht sie Stränge, zu je drei,
als wäre es nur Spielerei.

Doch weit gefehlt, sie flechtet Zöpfe,
erschafft aus Kuchenteig Geschöpfe.
Die werden schließlich ganz gepflegt,
wie in ein Bett aufs Blech gelegt.
Als würde alles noch nicht reichen,
muss sie die noch mit Milch bestreichen,
mit Mandelsplittern fein bestreun.
Nein, sie will keine Mühe scheun.

Dann schmerzen Arme und der Nacken.
Doch ist der Kuchen abgebacken,
folgt fröhlich für den Hochgenuss
als Krönung noch ein Zuckerguss.
Hat es geschmeckt, habt ihr gegessen,
dann dürft ihr keinesfalls vergessen:
Backt selbst und gebt die Tradition
auch an die nächste Generation.

Ursachen-Forschung

Wenn eine Zeit dir nicht gefällt,
gib nicht der Uhr die Schuld.
Sie tickt und tickt und tickt und tickt
in Gleichmaß und Geduld.

So mancher hat die alte Uhr
durch eine Uhr ersetzt,
die, wie er dachte, andres zeigt,
mit null Erfolg zuletzt.

Wenn dir dein Spiegelbild missfällt,
dann nützt es dir nicht viel,
wenn du den Spiegel nur ersetzt.
Das führt zu keinem Ziel.

Wenn deine Waage zu viel zeigt,
schmeiß sie nicht in den Müll.
Die nächste zeigt genauso viel,
wenn sie nicht lügen will.

Wenn du nur Dreck siehst ringsumher,
dann bleibe Realist,
und frag dich, ob vielleicht ja nur
die Brille schmutzig ist.

Wer an der falschen Schraube dreht,
verzapft oft großen Mist,
weil da nur was zu ändern geht,
wo was zu ändern ist.

Fürs neue Jahr den klaren Blick
für das, was dir missfällt,
und eine starke Hand für das,
was dir den Weg verstellt.

Junge oder Mädchen?

Die Tasche steht gepackt bereit.
Die Wehen rufen: Höchste Zeit!
Per Taxi geht‘s ins Krankenhaus.
Der Mann bestellt sich einen Strauß.

Das Neugeborne ist daheim,
doch was es ist, bleibt streng geheim.
Weil dauernd rätseln nerven kann,
ruft Oma nun beim Vater an.

Wir hätten doch zu gern gewusst,
ob‘s Junge oder Mädchen ist.
Da sagt der Vater: Keins von beiden,
das Kind soll später selbst entscheiden.

Wer nicht verblödet ist, fragt sich:
Wer hat hier einen Sonnenstich?
Wer was ist, sagt der Augenschein.
Wie sollte es auch anders sein?

Vom Sonderfall sprech ich hier nicht,
weil keiner Gottes Regel bricht:
Er schuf als Mensch nur Mann und Frau.
Nur dieser Maßstab macht uns schlau.

Und außerdem war immer klar,
dass nur die Frau auch Mutter war.
Nur Männer können Väter sein,
wenn andre auch viel Unsinn schrein.

Es schreit auf deine Seele ein,
und jeder Tropfen höhlt den Stein.
Was immer auch noch wird geschehn,
ich wünsch dir Kraft zum Widerstehn.

Zu deinem Ehrentag viel Kraft,
grad dann, wenn sie in dir erschlafft.
Bleib treu in Gottes Lebensspur,
folg immer deinem Schöpfer nur.

Mal sehn, was Gott draus macht

In meinem langen Leben
lief manchmal manches schief,
zum Teil durch eigne Dummheit,
zum Teil, weil‘s halt so lief.

Zuerst war ich verzweifelt,
wusst nicht, wie‘s weitergeht,
kam dann nicht aus dem Staunen,
wie Gott auch Dinge dreht.

Bremst dich einmal ein Drama,
dann sag dir mit Bedacht:
Mal sehn, was Gott am Ende
aus der Misere macht.

Nicht alles wird dir glücken
im neuen Lebensjahr.
Doch hältst du fest am Glauben
hält Gott dich, das ist wahr.

Wie eine Knospe, die nicht blüht

Wie oft zu deinem Ehrentag
schreib ich, was ich im Herzen trag
und forme Strophen nur für dich,
zu deiner Freude hoffentlich.
Wer viele Jahre zählt wie ich,
kriegt manchmal einen Tatterich.
Doch die Gedanken sind auf Trab;
nun lies, was ich zu sagen hab.

Stopp! Aufgemerkt und hingeguckt,
wenn einer krummläuft und geduckt!
Nichts richtet diesen Ärmsten auf
in seinem Griesgram-Dauerlauf.
Er ist, wie man von weitem sieht,
wie eine Knospe, die nicht blüht,
wirkt irgendwie nicht ganz gesund.
Es könnte sein aus diesem Grund:

Er wirkt so merkwürdig verkrümmt,
weil er aus sich nur schöpft und nimmt.
Er ist zu stolz und nimmt nicht an,
was nur empfangen werden kann.
Doch keiner ist je aufgeblüht,
der seine Kraft aus sich nur zieht.
Noch nie war wer sein eignes Licht,
auch nicht die eigne Zuversicht.

Wer Richtung Himmel wachsen will,
braucht Sonnenlicht fürs Chlorophyll,
und Mineralien geben Kraft,
die guter Boden ihm beschafft.
Aus tief verborgnem Wasserlauf
saugt jede Wurzel Wasser auf.
Und Laub und Blüte bleiben frisch,
am Schluss ziert sogar Obst den Tisch.

Wie immer bei Vergleichen gilt:
Am Schluss zur Sache, weg vom Bild.
Der Groschen fällt, und ei der Daus! ~
kommt schließlich was fürs Leben raus.
Gott ist die Sonne, die uns scheint,
auch wenn der Himmel manchmal weint.
Die Bibel sagt uns Blatt für Blatt,
dass er für uns nur Liebe hat.

Durch Gott erfährst du, wer du bist,
was Sonne für die Seele ist,
saugst aus der Bibel Lebenskraft,
stillst Lebensdurst mit Hoffnungssaft.
Er hilft Gebeugten, aufzublühn.
Was wir bekennen, wird verziehn.
Fängst du mit ihm zu leben an,
dann bist du wirklich glücklich dran.

Psalm 1,2-3

Halt in schweren Zeiten

Rauben dir Blockaden manchmal allen Mut,
lernst du, was Geduld ist, das ist gut.
Staun sich wie am Staudamm Sorgen wie noch nie,
macht doch Gott daraus noch Energie.

Leben, leben, du sollst leben
trotz Gegenwind und Widerstand.
Leben, leben, du sollst leben.
Es schützt und schirmt dich Gottes Hand.

Wenn ein Sturm dich schüttelt, zerrt am
Lebensbaum,
dass du denkst, es wär ein böser Traum,
graben sich die Wurzeln immer tiefer ein,
und es nützt dir gegen allen Schein. Leben ...

Wenn du durch die Tränen, die du jetzt vergießt,
weiter als durch jedes Fernrohr siehst,
lernst du, Gott zu danken selbst für schwere Zeit.
Näher noch als sonst ist er im Leid. Leben ...

Wärst du ganz am Ende Selbstmordkandidat,
dann halt fest, was Jesus für dich tat.
Schöpfe neue Hoffnung, weil er überwand,
litt und starb und dennoch auferstand. Leben ...

Könnt ich mehr dir wünschen, als was ich dir schrieb?
Mein Gebet begleitet dich, mein Schatz.
Auch an allen Tagen deines neuen Jahrs
bleibt in meinem Herzen dir der Platz. Leben ...

Passende Schuhe

Ein Junge kaufte ein Paar Schuhe.
Die wirkten aber sehr skurril.
Sie waren nämlich viel zu riesig,
dass er beim Laufen drüber fiel.

Dann kaufte er sich ein Paar neue,
die waren aber viel zu klein.
Vor Schmerzen konnte er nicht laufen.
Auch das konnt nicht die Lösung sein.

Ich wünsch dir Schuhe, die auch passen ~
zu dir und auch zur rechten Zeit.
Und lass von keinem dich beschwatzen,
denn du musst gehn; der Weg ist weit.

Nicht vor der Zeit zu große Pläne,
ein Reinfall wär ein harter Schlag;
Gott schütze dich auch vor zu kleinen!
Das wünsch ich dir zum Ehrentag.

Das Loch im Trommelfell

Heut musste ich zum Arzt sehr schnell.
Der Grund: ein Loch im Trommelfell.
Das wächst nun von alleine zu,
vorausgesetzt, ich halte Ruh.

Doch rät er dringend zur OP,
sonst sagt mir das Gehör ade.
Fräst er mir den Gehörgang frei,
käm ich am Hörgerät vorbei.

Doch nur fürs erste, ist ja klar,
denn Altern, das bleibt unheilbar.
Und wird auch leiser mancher Klang,
erhalt mir, Herr, den Lobgesang!

Weil Sorge ziemlich an mir nagt,
hab ich noch einen Arzt gefragt.
Der meinte vom Kollegen platt,
dass der wohl Langeweile hat.

Ich komm an der OP vorbei,
ich atme auf und fühl mich frei.
Wozu der Arzt mir sicher rät,
ist doch ein kleines Hörgerät.

Doch du bist jung mit guten Ohr'n
und hast bei Ärzten nichts verlorn.
Freu dich daran, solang es geht,
bis Vorsorge bei dir ansteht.

Geh sorgsam mit dem Körper um,
denn alles andre wäre dumm.
Gott gab dir diese Kostbarkeit
als Teil deiner Persönlichkeit.

Dir zum Geburtstag wünsche ich
mehr als Gesundheit unterm Strich.
Denn wichtiger als alles ist,
dass du mit Gott im Frieden bist.

Stolz kommt vor dem Sturz

„Was ich kann, das macht mich groß.
Wenn ich komme, dann geht‘s los.
Ich bin für den Sieg geborn.
Nur wo ich bin, da ist vorn.

Mich schreckt kein Sturm,
mich schreckt kein Riff,
denn ich hab alles fest im Griff
auf meinem Lebensschiff.“

Wenn du wen so reden hörst,
schalt in den Rückwärtsgang,
und geh ihm einfach aus dem Weg,
sein Ego ist zu krank.

Denn so war es immer schon,
bei Menschen überall:
Der eitle Stolz kommt vor dem Sturz
und Hochmut vor dem Fall.

Zum Geburtstag hier mein Rat,
geb ihn von Herzen gern:
Halt dich von solchen Leuten fern.
Sie sind vom andern Stern.

Sprüche 16,18 und Psalm 1,1

Gott holt dich ab vom Fundbüro

Dein nagelneues Lebensjahr
wird anders als das letzte war.
Doch eins wird sicher wie gewohnt:
Von Kummer bleibst du nicht verschont.

Ich hab‘s erlebt, drum sag ich‘s dir
und wünschte, dir ergeht‘s wie mir.
Fiel ich in Löcher abgrundtief,
dann wurde Gott für mich aktiv.

Vielleicht verzweifelst du daran,
dass große Freundschaft scheitern kann.
Du fürchtest dich wie nachts ein Kind,
weil Glück und Frieden brüchig sind.

Zum Glück ist das nicht allzu oft.
Doch meistens kommt es unverhofft,
dass man dir nimmt, was du doch liebst,
so dass du dich verloren gibst.

Gott holt dich ab vom Fundbüro,
legt Wert auf dich; das macht dich froh.
Die Liebe macht dich selbstbewusst.
Verrat mir: Hast du das gewusst?

Beschert ein Lebenshindernis
dir tiefe Seelenfinsternis,
dann wirf dein Leben bloß nicht weg.
Ich geb dir einen Hoffnungsscheck.

Ist deine Lage hoffnungslos,
ist Gottes Hilfe extra groß.
Kommst wieder hoch, kriegst wieder Luft,
Gott holt dich raus aus deiner Gruft.

Er ist ein Gott, der Liebe schenkt,
hat oft schon Herzen eingerenkt.
Wird's in dir eng, kommt er ins Haus.
Er macht es weit und füllt es aus.

Lad auf ihn deine Kummerlast,
damit du Lust am Leben hast.
Denn Gottes großes, heit're Kind
ist Freude, die man so gewinnt.

Ziele

Wer Prüfung und Geburtstag hat,
kriegt doppelt viele Grüße;
zweimal mehr Gäste machen sich
auf ihre flinken Füße.

Zur guten Prüfung „Dreimal hoch!“
Wir freun uns und sind heiter.
Doch ist ein Ziel erst mal erreicht,
siehst du: Danach geht‘s weiter.

Doch wer solch Freunde hat wie du,
dem wird so schnell nicht bange.
Denn Hilfe ist ganz schnell zur Hand,
fühlst du dich in der Zange.

Ein nächstes Ziel ist schon in Sicht,
du willst Azubi werden
und alten Menschen Helfer sein
bei Schmerzen und Beschwerden.

Wer weiß, in nicht mehr ferner Zeit
bist du als Pfleger rege,
und wir sind dann im Altersheim
sogar in deiner Pflege.

Eins nach dem andern, peu à peu,
auf Wegen, die auch taugen,
und hab dein himmel-höchstes Ziel
nur lebenslang vor Augen.

Denn Jesus will dich bei sich sehn
schon heute und für immer.
Er starb für dich und liebt dich sehr,
verlässt dich nie und nimmer.

Das krönt nun deinen Gabentisch,
ist mehr als die Geschenke,
dass ich in meinem Frühgebet
auch weiter an dich denke.

Wunder-Unterricht

Brauchst du mal Wunder-Unterricht,
schau dir die Schöpfung an,
kommst aus dem Staunen nicht heraus
und fragst dich: Zufall oder Plan?

Kein Haus hat sich selbst aufgebaut,
kein Bild sich selbst gemalt,
noch nie ein Buch sich selbst gedruckt
und keine Rechnung sich bezahlt.

Kein Ei hat sich von selbst gelegt.
Wer schuf das erste Huhn?
Denn das hat sich nicht selbst gemacht.
Das musste irgendjemand tun.

Kein Essen hat sich selbst gekocht,
kein Brief sich selbst diktiert.
Kein Zimmer hat sich aufgeräumt,
kein Lied sich selber komponiert.

Auch wenn die Mehrheit widerspricht,
es wird dadurch nicht wahr.
Denn schaust du hin, weißt du Bescheid.
Denk nach, dann werden Dinge klar.

Ja, unsre wunder-, wundervolle Welt,
die hat sich nicht selbst gemacht.
Denn unsre wunder-, wundervolle Welt,
hat Gott sich ausgedacht ~
und dann für uns gemacht.

Auch dich hat Gott ganz wunderbar gemacht.
Drum feiern wir heut mit dir.
Auch dich hat Gott ganz wunderbar gemacht.
Drum feiern wir mit dir,
Geburtstag heut mit dir.

Schein und Sein

Schon immer war der erste Augenschein
zugleich ein Warentest von Schein und Sein.
Oft wird uns nur Theater vorgemacht,
doch leicht durchschaubar, dass man drüber lacht.

Doch sind die Masken einmal raffiniert,
dann wird man schnell zu falschem Schluss verführt.
Man lässt sich täuschen, fällt darauf herein.
Man ist geblendet, sieht mehr Schein als Sein.

Nimm nur die Werbung, die das Glück verspricht.
Doch Warenhimmel gibt es nun mal nicht.
Die Seele wird von dem nicht wirklich satt,
was man zu Tisch und in der Tasche hat.

So viele dulden, dass man sie betrügt.
Es ist bequemer, wenn man sich belügt.
Ein Beispiel für ein Luftschloss, das zerfällt,
sind Wahlversprechen, die doch keiner hält.

Doch sagt das Volk bei jeder neuen Wahl:
Wir glauben euch, denn ihr seid optimal.
Im Stillen weiß man ja, wie‘s weitergeht:
Es tut uns leid, der Wind hat sich gedreht.

So viele zahln mit nachgemachtem Geld,
bis man das falsche für das echte hält.
Darum sind Zweifel mehr als angebracht:
Was ist nun echt, und was nur vorgemacht?

Zum Glück gibt‘s Dinge, die auch einfach sind,
so arglos-einfach wie ein kleines Kind.
Darum zu dir. Im Umschlag steckt ein Schein,
Gibst du ihn aus, dann wird der Schein zum Sein.

Geburt einer Melodie

Wenn es gekracht hat und gefunkt,
ist das fürs Herz ein schwarzer Punkt.
Die Folge dieses großen Schrecks:
Wir sind tieftraurig und perplex.

Probleme, die unlösbar sind,
erscheinen wie ein Labyrinth.
Wir blicken uns nach Hilfe um
und fragen uns verwirrt: Warum?

Ich hab erlebt, dass es geschieht,
dass Jesus seine Linien zieht
und danach, was mir nicht gelingt,
selbst Ordnung in mein Chaos bringt.

Er nimmt, das fällt ihm gar nicht schwer,
nimmt meine schwarzen Punkte her.
Er stellt sie um, setzt Pausen ein,
bringt Rhythmus und auch Schwung hinein.

Durch seine Himmelstherapie
entsteht so eine Melodie,
die noch als neues Lied erklingt,
weil Jesus mich zum Singen bringt.

Als Glückwunsch sag ich's gradheraus:
Mach es wie ich, probier es aus.
Ruf Jesus an, denn es hat Zweck.
Er ist nur ein Gebet weit weg.

Zum neuen Lebensjahr viel Mut
und, wenn es sein muss, sanfte Wut,
dazu ein Schuss Besonnenheit ~
und alles schön zur rechten Zeit!

Wie ich mir auf Vers und Strophe einen Reim mache

Dieses Enkel-Gratulationsbuch hat mit einem Kochbuch zwei Dinge gemeinsam: Letzteres ist zwar auch zum Lesen da, aber vor allem zum Kochen. So stiftet auch mein Buch über das Lesen hinaus zum Dichten an.
Die Verslehre (Metrik) ist ein weites Feld; viele Bücher sind darüber schon geschrieben worden. Informationshungrige werden auch in Bibliotheken und im Internet reichlich Futter finden. Doch für dieses Buch habe ich mir Diät verordnet. Deshalb folgt hier eine abgespeckte Anleitung, weil es mir um die unmittelbare Anwendung von Basiswissen ohne Vorkenntnisse geht.
Was das Blut für den Körper und der Wind für ein Segel ist die Kreativität für das Texten. Deshalb geht es zuerst um Findigkeit und um die Überwindung von Blockaden im Kopf.

Kreativität
Bei Wanderungen am Ostseestrand sehe ich ab und zu Leute, die gebückt und konzentriert sammeln, was ihnen vor die Füße kommt: Steine, Muscheln, Glas- und Holzstücke und anderes. Für sich gesehen, sind die Teile wertlos. Werden sie aber später aussortiert und die Reste geschickt kombiniert und auf Unterlagen geleimt, werden diese kleinen Kunstwerke gern von Touristen als Andenken gekauft.
Ähnlich geht es bei der Vorbereitung auf einen bunten Abend zu, denn auch hier heißt die Devise, erst einmal „sammeln“. Bei der Ideenrunde wird der Verstand vorsätzlich zurückgepfiffen, um die Kreativität zu entfesseln. Hier kommen spielerisch alle möglichen Ideen auf den Tisch, selbst die verrücktesten. Eine verrückte Idee kann nämlich in Kombination mit einer anderen sehr sinnvoll werden – wie an einer billigen Angelsehne ja auch ein toller Hecht

zappeln kann. Es wird frei assoziiert, um für Gedankenblitze offen zu werden. Alles wird notiert. Bewertet und aussortiert wird später.

Ähnlich geht es auch beim Schreiben von Texten zu. Ich bin ständig am Suchen und Sammeln. Meine Antennen sind meistens ausgefahren, um Ideen aufzufangen. Hilfsmittel dabei sind je nach Situation ein Notizbuch, ein kleines Aufnahmegerät und mein Handy. Im Urlaub etwa bleibe ich gern an den Auslagen von Souvenir-Geschäften stehen. Dann drehe ich die Postkartenständer und suche nach originellen und humorvollen Sprüchen. Habe ich welche gefunden, mache ich Fotos davon, denn manche sind wegen ihrer Sinndichte und wegen ihres verblüffenden Humors ein Impulsgeber für Verszeilen. Hier kann ich wie ein Fährtenhund Witterung aufnehmen.
Auch beim Radiohören, Fernsehen, beim Zeitunglesen, Bibellesen und bei Gebeten in Gottesdiensten nehme ich manches wahr, was klar und schön formuliert ist. Das halte ich dann möglichst sofort fest. Denn was eine hohe Sinndichte hat, markant ist oder besonders anschaulich, was sich reimt, was verblüffend plausibel ist oder sprachlich unverbraucht, das weckt mein Interesse. Wenn ich dann ein Gedicht schreibe, habe ich immer einen Fundus, auf den ich zurückgreifen kann. Manchmal entdecke ich verblüffende Querverbindungen zwischen notierten Ideen.
Wie halte ich solche Querverbindungen fest? In meinen Notizbüchern habe ich die Seiten nummeriert, damit ich zusammenhängende Gedanken einander zuordnen kann. Parallelen mache ich durch die entsprechende Seitenzahl am Rand kenntlich. Die letzten Seiten enthalten verschiedene Rubriken, wie z. B. „Lied-Ideen“, „Artikel-Ideen“ und „Predigt-Ideen“. Dort notiere ich die Seitenzahlen und ein Stichwort.
In meinem Rechner habe ich im Ordner „Texte“ die Datei „lose Gedankensammlung“ als digitales Notizbuch. Hier

lassen sich gedankliche Zusammenhänge leicht über die Suchfunktion herausfinden. In nächtlichen Mußestunden sichte ich sie manchmal und füge sie zu Gedankenblöcken zusammen.

Viele würden ganz gern einmal ein eigenes Gedicht schreiben. Doch ihnen steht ein falsches Ideal im Weg. Sie haben das Bild eines durchgeistigten Dichters vor Augen, der weltentrückt über Formulierungen grübelt. Das schreckt sie ab. Dabei kann es auch ganz rustikal zugehen. Schiller etwa schnupperte zur kreativen Stimulanz an faulenden Äpfeln in der Schublade seines Schreibtischs. Von Mutters Zetteln in unserer Küche wusste ich, dass man sich geistig über manuelle Arbeit erheben kann. Ihr reichte der Duft geschälter Kartoffeln und der Dampf überm Kochtopf. Denn neben Liedversen von Dora Rappard und Paul Gerhardt fand ich manchmal auf Zetteln auch einen ihrer eigenen Textversuche. Von daher war meine Schwelle, mich selber einmal an einem Liedtext zu versuchen, nicht sehr hoch. Damit war die Weiche zum Liedermacher voreingestellt.

Für alle kreativen Prozesse gilt: einfach anfangen, egal wie. Es braucht seine Zeit, bis man gedanklich in die Gänge kommt. Texter sind Gedankensportler, die sich warmlaufen müssen.
Wer seine Selbstzweifel überwunden hat, sich „warmgelaufen“ und erste Ergebnisse auf dem Blatt oder Bildschirm hat, erlebt irgendwann aber auch Blockaden. Der kreative Prozess stockt. Was also tun, wenn bei einer Schreibblockade der Kopf streikt? Ganz einfach: Ich lasse ihn streiken, mach Pause und tue zur Entspannung etwas ganz anderes. Ich gehe einkaufen oder koche Mittag. Sogar bei einem Toilettengang zwischendurch kann dann mehr herauskommen als beim ergebnislosen Herumdrucksen am Schreibtisch. Ist nämlich der körperliche Druck weg, kann mir eine gedankliche Lösung umso eher in den Schoß fallen.

Egal, was ich zur Abwechslung mache, wichtig ist: Ich melde mein Bewusstsein vom Thema ab und überlasse dem Unterbewusstsein vorübergehend die Arbeit. Denn es gibt eine geheimnisvolle Wechselbeziehung zwischen beidem. Wenn mich ein gedankliches Problem blockiert, bildet sich ein Sucher, der unbewusst am Thema bleibt, auch wenn ich etwas ganz anderes tue. Etwas anderes tun, ist also keine vertane Zeit und keine Pause *von* der Kreativität, sondern eine Pause *für* die Kreativität.
Theodor Körner klagte sich einmal bei seinem Schriftstellerkollegen Friedrich Schiller über eine Schreibblockade aus. Der antwortete: „Es scheint nicht gut und dem Schöpfungswerke der Seele nachteilig zu sein, wenn der Verstand die zuströmenden Ideen, gleichsam an den Toren schon, zu scharf mustert. ... Bei einem schöpferischen Kopfe hingegen, däucht mir, hat der Verstand seine Wache von den Toren zurückgezogen, die Ideen stürzen ... herein, und alsdann übersieht und mustert er den großen Haufen. – Ihr Herren Kritiker, oder wie ihr Euch sonst nennt, schämt oder fürchtet Euch vor dem augenblicklichen, vorübergehenden Wahnwitze, der sich bei allen eigenen Schöpfungen findet und dessen längere oder kürzere Dauer den Künstler von dem Träumer unterscheidet. Daher Eure Klagen der Unfruchtbarkeit, weil Ihr zu früh verwerft und zu strenge sondert."
(Brief vom 1. Dezember 1788)
„Lieder *machen*" hört sich mehr nach Handwerk an als nach Muse, Begabung und spontaner Kreativität. Doch es ist beides. Jede künstlerische Arbeit hat auch eine handwerkliche Seite, die erlernbar ist. Um sie geht es im Folgenden.

Von Verszeile, Versfuß und Strophe

Der Vers (auch Verszeile genannt) ist eine Einzelzeile, die aus rhythmischen Grundeinheiten besteht, den sogenannten Versfüßen. Denn jedes mehrsilbige Wort und jeder Satz

in unserer Sprache hat seine klangliche Eigenart durch betonte und unbetonte Silben, den sogenannten Hebungen und Senkungen. Ich habe mich aus praktischen Gründen für folgende Notierung entschieden: für betonte Silben: I, für unbetonte: u.[1]
Was gemeint ist, versteht jeder, der einmal den folgenden Satz langsam spricht, dabei übertrieben betont und bei jeder betonten Silbe in die Hände klatscht:
„Ich géh auf víelen Wégen dúrch den Párk."
u I u I u I u I u I (In Symbolschrift)

Die Versfüße geben jeder Verszeile ihr Versmaß (Metrum). Das Versmaß ist der kleinste sich wiederholende Teil einer Verszeile und beschreibt, in welcher Reihenfolge die Silben eines Verses betont oder unbetont sind. Ihre Abfolge verleiht einem Gedicht Rhythmus und Struktur und beeinflusst auch dessen Stimmung.
Werden mehrere Verszeilen zusammengefügt, ergeben sie eine Strophe.

Die gängigen Bezeichnungen für die verschiedenen Versfüße[2] stammen aus der griechischen Verslehre (Metrik):

Der **Jambus** (Betonung auf dem kurzen a) ist **zweisilbig**: **unbetont-betont** u I, wie bei „Besúch" oder mit zwei Jamben nacheinander: „in dúnk - ler Nácht".

Der **Trochäus** (Betonung auf dem langen ä) ist auch **zweisilbig**, jedoch **betont-unbetont** I u, wie bei „lésen" oder mit drei Trochäen nacheinander: „álle wóllen Fréude".

---

1 https://de.wikipedia.org/wiki/Verslehre
In manchen Veröffentlichungen werden die Silben mit einem kleinen „x" dargestellt und eine betonte Silbe zusätzlich mit einem Akzent versehen. Dazu muss man beim Schreiben allerdings mit dem Stift dreimal ansetzen. Andere verwenden einen liegenden und einen leicht gekrümmten Strich, was aber wegen der Ähnlichkeit leicht zu Verwechslungen führen kann.
2 Es ist üblich, dann z. B. ein musikalisches Pausenzeichen in die Verszeile oder ihre Symbolschrift einzusetzen, wenn eine Silbe fehlt. Ich verwende hier das Symbol für eine Achtelnoten-Pause: 𝄾. Sie dient lediglich zur eigenen Orientierung.

Der **Daktylus** (Betonung auf dem kurzen a) ist **dreisilbig: betont-unbetont-unbetont** I u u, wie bei „áusgesucht" oder mit drei Daktylen nacheinander: „Einmal ist keinmal, so sagen die Narren 𝄾".
Der **Anapäst** (Betonung auf dem langen ä) ist auch **dreisilbig**: jedoch **unbetont-unbetont-betont** u u I, wie bei „Allergíe" oder mit drei Anapästen nacheinander: „Bin ich dreist, wenn ich frag: Hast du Zeit?"

Vertiefung: Notiere über folgenden Verszeilen die Hebungen und Senkungen und identifiziere die Versfüße:

Flieg auf den Flügeln der Freude, weil Gott dich nicht fallen lässt.[3]

Jesus, ich will glauben. Hilf mir, dass ich kann.[4]

In meiner Koje hängt ein Bild von dir.[5]

Reime
a) Von **Klangreim** spricht man, wenn ähnlich klingende Silben verwendet werden:
laufen-kaufen, singen-klingen, saugen-taugen, Takt-Pakt.

b) Von **Stabreim** (Buchstabenreim oder Alliteration) spricht man, wenn die betonten Silben einer Zeile mit dem gleichen Buchstaben beginnen: „**F**lieg auf den **F**lügeln der **F**reude, weil Gott dich nicht **f**allen lässt."
Der Vorteil von Reimen: Gereimte Strophen gehen besser ein und lassen sich besser merken.
Wie aber können passende Reime gefunden werden? Ich habe viele Jahre ohne ein Reimlexikon getextet. Damals schrieb ich das Grundwort auf ein Blatt Papier, kreiste es ein und notierte geeignete Reimwörter als Wortfeld um den Kreis herum.

3 „Flieg auf den Flügeln der Freude", CD „Aufgeschlossen"
4 „Jesus, ich will glauben", Maxi-Single-CD mit den Liedern zu den Jahreslosungen 2020/2021
5 „Mein Kind", CD „Flensburg"

Später habe ich das Reimlexikon mehr und mehr schätzen gelernt, denn es spart beim Suchen Zeit. Wer aber denkt, mit einem Reimlexikon[6] wäre das Texten nun keine Kunst mehr, der irrt. Denn Reime müssen dem Aussagesinn folgen und nicht umgekehrt.

Man unterscheidet gewöhnlich den Endreim von Binnenreim. (Beim Binnenreim liegen die gereimten Silben in der Wortmitte.) Hier beschränke ich mich auf den Endreim.

1. Man unterscheidet je nach Anzahl der gereimten Silben:
a) „männlicher“ Reim (einsilbiger, auf eine Hebung endender Reim)
Beispiel:
Wenn du gegessen hast
und satt geworden bist,
dann hüte dich davor,
dass du den Herrn vergisst.[7]

b) „weiblicher“ Reim (zweisilbiger Reim mit Betonung der vorletzten Silbe)
... denn jetzt heißt es weiterwandern,
trag sein Wort nun auch zu andern.

c) „reicher“ Reim (Gleichklang mehrerer Silben des Reimwortes) bekräftigen-beschäftigen

---

6 Dafür eignen sich z. B. das mehrmals überarbeitete Standardwerk von Werner Steputat, Reimlexikon (Reclam) – oder Reimmaschinen im Internet mit allerdings manchen merkwürdigen Vorschlägen. Aber man muss Fisch essen können: Die Gräten spuckt man aus.
7 5. Mose 6,11-12

2. Unter einem „reinen" Reim versteht man einen Silben- oder Wortgleichklang, bei dem nur die Anfangskonsonanten verschieden sind: streben-leben.
(Sogenannte „unreine" Reime entstehen, wenn sie nur annähernd gleich sind, wie bei richten-flüchten, zerronnen-genommen, schallen-malen. Verlegenheitslösungen wie diese sind zwar nicht elegant, lassen sich aber manchmal nicht vermeiden und lassen sich sogar bei Heine und Goethe finden.)

3. Sonderformen des Reims
a) Ein „identischer" Reim entsteht, wenn dasselbe Wort zum Reimen verwendet wird.

Wie ein Kind beim Laufen**lernen**
stolpert, hinfällt und dann wieder steht,
wirst du auch als Gotteskind es **lernen**,
dass Gott mit dir trotz Stolpern weitergeht.[8]

b) Der „gebrochene" Reim benutzt eine im Wortinnern stehende Silbe zur Reimbildung:

David suchte sich den Kiesel-
stein so hurtig wie ein Wiesel.

Reimkombinationen
Um die Reimstruktur einer Strophe zu verdeutlichen, bezeichnet man die Verszeilen fortlaufend mit den Buchstaben des ABC und wiederholt denselben Buchstaben bei Reimen. Die gereimten Verszeilen lassen sich unterschiedlich anordnen:

1. Reimpaarverse: aabb
a Denk ich an dich, dann wird es hell.
a Ich bin verliebt so stark, so schnell,
b spür, wie die Seele überquillt,
b weil sich der Tag mit Freude füllt.[9]

8 „Tu den ersten Schritt von vielen", LP/MC „Zwischen Tür und Angel"
9 Liebesgedicht „Zwei Flügel"

2. Kreuzreim: abab (Warum Kreuzreim? Verbindet man die Reim-Buchstaben am Rand mit einer Linie, entsteht ein Kreuz.)
a Schau, die Farben gehn wie Wellen übers Land,
b weiß und gelb und blau und rot und nicht nur grün.
a Menschen werden farbenfroh und sind gespannt,
b welche Blüten denn als nächste uns erblühn.[10]

3. Umarmender Reim: abba (Der Außenreim „umarmt" den Innenreim.)
a Wir sehn erstaunt inmitten dunkler Nacht
b die Lampions der Freude aufgereiht
b und Glühwürmchen der Glaubensheiterkeit.
a Dann wird ein großes Tor uns aufgemacht.[11]

4. Leichtreim: abcb (Am wenigsten Mühe macht dieser Reim. Er ist in diesem Buch am häufigsten zu finden, weil die meisten Gedichte schnell entstehen mussten. Auch als Anfänger sollte man seine Strophen zunächst in dieser einfachen Form gestalten.)
a Die Angst schickt Panikblitze aus;
b nur eines macht dich frei:
c Tu das, wovor du Angst hast, bald,
b dann ist die Angst vorbei.

5. Reimkombinationen
Für größere Strophen können auch verschiedene Reimarten kombiniert werden.

10 „Schau", CD „Singend in den Frühling"
11 Lied „Garten Gottes"

Ideen finden und entfalten

Grundsätzlich lässt sich zu jeder Idee ein Gedicht schreiben. Für dieses Buch kreiste mein Gedankenradar, um ein Enkel-Thema zu orten: Das Geschenk selbst kann das Thema sein – auch ein Geldgeschenk. In diesem Fall kann die Zweckbestimmung beschrieben werden. Auch Ereignisse des vergangenen Lebensjahres oder was im nächsten bevorsteht, eignet sich als Thema. Denkbar sind auch die Begabung, eine Vorliebe oder der Wunschtraum des Geburtstagskindes.

a) Habe ich mich für ein Thema entschieden, denke ich mich heran. Ich beginne zu sammeln, wie unter „Kreativität" beschrieben: Spontan lasse ich einzelne Wörter, Wortgruppen, Vergleiche etc. purzeln. Dieses Sammelsurium halte ich schriftlich fest.
b) Nun folgt der Schritt „Sortieren": Was inhaltlich zusammengehört oder sich reimt, rücke ich auf dem Bildschirm meines Rechners zusammen oder verbinde es auf dem Papier durch Verbindungslinien. Dabei entdecke ich ganz neue Gedanken und Formulierungen. Es ist wie beim Pilzesammeln: Haben sich meine Augen erst einmal auf Pilze eingestellt, staune ich immer wieder, wie viele Pilze mir ins Auge fallen.
c) Dann beginne ich spielerisch zu formulieren und mache aus Stichworten kleine Sätze. Dabei stelle ich Wörter um und ersetze unpassende durch passendere. Dabei hilft mir am Rechner, wenn ich ein Wort auf dem Bildschirm markiere, dann unter „Extras" auf „Thesaurus" (griech./lat.: „Schatz") klicke. In diesem Wörterbuch sind Sinngleich-Wörter (Synonyme) und Gegenwörter (Antonyme) zu finden. Auch der Duden liefert wertvolle Ideen, weil er zahlreiche Verwendungsbeispiele und Assoziationen (Gedankenverbindungen) auflistet.

Wie aus Sätzen Verszeilen und aus Verszeilen Strophen werden

Wer auf die Metrik pfeift, wird auch Strophen zustande bringen. Doch die werden vor sich hinstolpern und sich nur schlecht vorlesen lassen. Ein Satz aber wird zu einer Verszeile, wenn er in ein Versmaß gebracht wird, also in eine Abfolge von Versfüßen.

Gut beraten ist, wer sich ein bekanntes Volkslied oder einen Schlager als Grundlage wählt. Denn so überspringt er einige Schritte, weil mit der musikalischen Vorlage die Metrik bereits vorgegeben ist. Außerdem könnte bei einer bekannten Melodie das Geburtstagsgedicht vorgesungen oder mit allen Geburtstagsgästen gemeinsam gesungen werden. Zumindest in einen eventuellen Refrain könnten alle einstimmen.

Angenommen, die Grundidee heißt „Eisenbahn“, und einer der in Prosa notierten Sätze lautet: „Alle Jungen interessieren sich für die Eisenbahn und bekommen irgendwann eine geschenkt.“ Dieser Satz muss nun lyrisch aufbereitet werden, geschüttelt und gerüttelt, sortiert und umformuliert werden.

Das Reimlexikon liegt bereit. Was reimt sich auf „Eisenbahn“? Spontan fällt mir ein, dass die beiden ersten Verszeilen lauten könnten:

Jeder Junge, irgendwann,
wünscht sich eine Eisenbahn.

Nun ergänze ich das Versmaß und schreibe es an den Rand – zur Kontrolle auch die Silbenanzahl:

Jeder Junge, irgendwann,	lululul	a	7 Silben
wünscht sich eine Eisenbahn.	lululul	a	7 Silben

Versfuß ist der Trochäus, der aus zwei Silben besteht: betont-unbetont. Da sich das Verszeilenpaar reimt, handelt es sich um einen Reimpaarvers. Sowohl dieser Versfuß als auch diese Reimart wären somit die Vorgabe für die Gestaltung des ganzen Gedichts. Zunächst komplettiere ich die Strophe. Als letzte Zeile der Strophe kommt mir in den Sinn: „... weil er bald Geburtstag hat.“ Nun fehlt nur noch die dritte Zeile, die sich auf „hat“ in der vierten Zeile reimen muss. Ich schaue ins Reimlexikon, finde „Blatt“ und denke dabei an einen Wunschzettel. Dann könnte die komplette Strophe so aussehen:

Jeder Junge, irgendwann,	lululul	a	7 Silben
wünscht sich eine Eisenbahn.	lululul	a	7 Silben
Er schreibt seinen Wunsch aufs Blatt,	lululul	b	7 Silben
weil er bald Geburtstag hat.	lululul	b	7 Silben

Die Freude über die komplette Strophe kann trügerisch sein, weil sie in einem zu rosigen Licht erscheint. Also muss ich wie ein Kunstmaler vom „Bild“ zurücktreten und muss meine Strophe kritisch mustern. Vielleicht kann ja noch etwas verbessert werden. Und tatsächlich hat sich eine kleine sprachliche Ungeschicklichkeit eingeschlichen, wie ich pingelig feststelle. Die Reimsilben „...wann“ und „...bahn“ sind gesprochen in der Länge unterschiedlich (unreiner Reim). Also schaue ich nochmals ins Reimlexikon und finde „angetan“, „spontan“ und „Plan“. Bei diesen Wörtern ist der Buchstabe „a“ beim Sprechen gleich lang wie bei „Eisenbahn“. Also starte ich einen zweiten Formulierungsversuch und kann danach wählen, welche Variante besser ist.

Jedem Jungen, jung wie du,
kreist im Kopfe immerzu
nur ein Wunsch und großer Plan:
Ich brauch eine Eisenbahn!

Die Referenzstrophe

Wer es geschafft hat, Verszeilen zu einer ersten Strophe zusammenzufügen, erlebt zu Recht ein Hochgefühl. Nach dieser überwundenen Hürde wird die Strophe in Symbolschrift notiert und sowohl ihr Reimschema als auch die Silbenanzahl am Rand festgehalten. Sie stellt die Referenzstrophe für die folgenden Strophen dar. Jede weitere Strophe muss in Versfuß und Reim zu diesem Schema passen. Aber Achtung! Manchmal weicht eine spätere Strophe davon ab, ist aber so gut gelungen, dass ich sie auf keinen Fall ändern möchte. Dann notiere ich das Schema für diese Strophe und erkläre sie zur neuen Referenzstrophe. An ihr Schema passe ich rückwirkend die bereits existierenden Strophen an. Das gelingt, indem ich Sätze umstelle und Austauschwörter wähle, durch die ich Silben einspare bzw. ergänze. Diese Wortsuche ist spannend, und ich war oft erstaunt, welche sprachlichen Alternativen sich finden lassen, den gewünschten Sinn zu formulieren.
Ist das Gedicht auf eine bekannte Melodie geschrieben worden bzw. als Lied vorgesehen, sollte darauf geachtet werden, dass sinntragende Wörter in jeder Strophe möglichst an der gleichen Stelle stehen. Denn sie werden durch die Melodie besonders hervorgehoben und betont. Das erfordert manchmal eine langwierige Tüftelei, aber das Ergebnis belohnt die Mühe.

Strophen in die Reihe bringen

Nun überprüfe ich, welche Reihenfolge der Strophen am sinnvollsten ist. Wer auf Papier geschrieben hat, wird zur Schere greifen und die einzelnen Strophen so lange verschieben, bis die inhaltliche Linie stimmt.
Vielleicht entdecke ich sogar, dass Teile verschiedener Strophen besser zueinander passen. Dann kombiniere ich Teile verschiedener Strophen und füge sie zu neuen Strophen zusammen.

Sind die Strophen auf die Melodie eines bekannten Liedes mit Refrain entstanden, sollte entsprechend der Vorlage noch ein Refrain ergänzt werden.

Den Ball im Spiel behalten

Bei aller Freude über gelungene Strophen vergesse ich nicht, dass bis zur Übergabe des Gedichts oder seiner Veröffentlichung nichts endgültig ist. Bis dahin halte ich den Ball im Spiel und betrachte jede Formulierung erst einmal als vorläufig. Denn es überrascht mich immer wieder, wie ursprüngliche Formulierungen immer noch anders, knapper und treffender gestaltet werden können. Auch solche Ideen, über die ich mich zunächst gefreut habe, muss ich opfern, wenn mir eine noch bessere zufliegt.

Dabei erlebe ich, dass ich mich beim Formulieren zu immer größerer Klarheit hindurchdenke. Oft erst nach wiederholtem Lesen und manchmal erst nach Wochen tauchen Gedanken auf, die ich ursprünglich gar nicht im Blick hatte. Denn in diesem Reife-Prozess habe ich mich an das Thema immer gründlicher herangedacht und zu neuen Formulierungen gedanklich durchgetastet. Insofern ist das Gestalten von Texten immer eine Abenteuerfahrt. Viel Gelingen!

Lehmann, Theo/Swoboda, Jörg
Flügel der Freude statt Kraftlos-Blues

Theo Lehmann und Jörg Swoboda haben mit ihrem gemeinsamen Wirken Allianz-Geschichte geschrieben. In diesem Buch dokumentieren sie ihren Beitrag, den sie zur christlichen Hymnologie geliefert und so die christliche Gemeindekultur bereichert haben.

265 Seiten | gebunden | € 19,95 | Best.-Nr. 644.224